Djamile MAMA GAO

Corps-raccords

Poésie

© 2018, Djamile Mama Gao

Édition : BoD – Books on Demand,
12/14 rond-point des Champs-Élysées,
75008 Paris.
Impression : BoD - Books on Demand,
Norderstedt, Allemagne

ISBN 978-2-3221-6449-3

Crédits photos :

Couverture : Djamile Mama Gao

Portrait de l'auteur : Cécile Quenum

Dépôt légal : octobre 2018

Folie esthétique, la poésie est la traîtresse de nos intimes virées.

Chochotte, elle nous chuchote, nous étreint puis nous trait.

L'auteur

Mères mammaires,
Claudine Toyi,
Jeanne Adounsiba,
Lysiane Lucas Raffray,
Votre joncture m'a initié au diptyque paternel :
Issiaka et Seidou Mama Gao,
Et désormais, je renais dans les flatulences de la vie.

Préface

L'amour en 58 indécences, que dis-je, incandescences. Voici le hardi *re*-baptême que j'administre à ce délicat (indélicat ?) bouquet de mots que Djamile Mama Gao a déposé à l'aube d'une de mes fades journées de janvier, avec comme seule consigne, la crainte souriante du « J'ai bien peur que ce recueil ne te choque ». Ma réplique a jailli comme une sentence : « Rien ne devrait choquer en poésie, ou alors il s'agit de tout sauf de la poésie ».

Choqué, pourtant, je l'ai été, dans la facette la plus nuancée du terme, et à juste titre car, l'instant d'un poème, je suis passé de l'image lisse que j'avais du jeune slameur à la rime brillante et à l'élégante révolte, au visage sulfureux d'un aède sex-addict, s'agrippant au moindre millimètre carré d'une femme pour entrer dans l'absolu mirage de la volupté… Là où rien n'a plus de sens, où l'insuffisant se dévale sur le chemin sans fin du leurre plaisir.

Iconoclasme ? Non, ce mot n'existe pas en art. Ou plutôt qu'il n'y a que ce mot qui ait un sens dans l'univers de la création. Inutile donc de l'évoquer. Disons simplement que ce recueil ne ressemble à rien qui ait déjà été bu par mes yeux incultes. De ce titre *Corps-raccords*, qui évoque un linkage coquin entre deux scènes osées de film X, à ce chapitrage Baatonou en trois assonances viriles -le *ta,* le *ou* et le *in*- il y a le chemin d'une respiration, d'une insinuation, d'une larme, d'une sueur, et cet éclat de rire rauque qui suit l'instinct bestial de la jouissance. Le verbe, allé à l'apogée, est léger, et du coup, la morale paraît une suite de nobles et pesantes frustrations aux visées purement cosmétiques. Point de cela ici : le lascif est beau et tout jugement perd le la, comme dans le [**Yɛnda yiru**] (poème 22) *[Déracine ton caleçon/Pour que je te plante enfin les souches de nos désirs]*. Mais le sexuel abrupt, dont le sauvage est ici embelli par une scintillante couche rhétorique, ne peut résister de temps à autre à la splendide rhapsodie, rayonnante, limpide comme un firmament de colombes. En témoigne cet extrait du [**Yɛnda nɔɔbu**] où la lumière pleut : *[Tu es la plus belle nuit d'Eve/Que j'ai dormie/ Et m'éveiller en toi est la plus gracieuse aube/Que j'ai ouverte]* ; mais très vite le salace reprend ses droits et recommence le corps à corps, ou le corps-raccord, parfois même à l'intérieur du même poème : *[Incante-moi sans pudeur]* (**Yɛnda nɔɔbu**).

Ainsi s'est passé ce Corps-raccords, ce corps à corps d'or où la rime vous mord, vous chatouille, chante sa sacrée mixture de flûte et de cor au milieu d'un souffle fort et à la fois retors, 58 fois incanté, comme le néologise gaiement ce génie déluré du nom de Djamile Mama Gao.

La randonnée romantico-lubrique, en 58 actes défendus, du [**Tia**] au [**Werakuru ka nɔba ita**], se tient comme une longue nuit d'amour enflammée de déclamations à voix feutrée, de gestes timides, puis hardis, mais toujours démesurément beaux. Lecture du corps avec les paroles qui touchent l'âme, l'aveuglent à toute forme de retenue, l'exaltent, la lévitent et la déposent au seuil du divin. Oui, ça monte, ça bout à 100 degrés, et comme le dit Richard Flash : « *Quand le flacon devient précieux, il n'y a que toi* (femme) *qui le débouches* ».

« J'exorcise ma timidité », m'a confié Djamile, comme un mea culpa. Et je lui dis en souriant que ses grands frères ont déjà balisé le terrain pour lui. La poésie béninoise pointait déjà un bout d'érotisme quand, en 2009, Constantin Amoussou, dans *Hydraulique de mes paupières*, convoquait la verge pour cracher (eh oui !) son fiel : *[Pour vomir la flopée de mourir que vivre éjacule dans mon ventre]*, ou encore *[ils ont dit à coups de bangala/ ils ont dit délices anus de gite/ ils ont dit cul de leurs papilles à jouir].*

Daté Atavito Barnabé-Akayi, dans *Noire comme la rosée*, s'envole dans une subtile métaphore au tranchant surréaliste : *[La photo que j'ai prise est un paysage en forme languissante du cri du clitoris du temps] Imonlè 15.*

Plus récemment, Samiratou Alidou, dans l'anthologie *Anxiolytique* conçue, dirigée et publiée par Daté Atavito Barnabé-Akayi, propose une dégustation singulière aux arômes glamour : *[Sa poitrine garde-t-elle le goût des glaces ? Donne-t-elle envie d'être léchée ? L'ombre de tes seins reflète la couleur de tes fesses boules charnues planches rebondies voiles rendues].*

Mais c'est Florent Eustache Hessou qui soulève définitivement le flambeau du salace en publiant, dans la même anthologie, un dosage dénudant de sadisme et de nymphomanie : *[Chaque fois que ça fait mal/ Tu en redemandes encore/ Dans un corps à corps très fort]* ou une chaude menace d'une piquante boucherie : *[Je te mangerai dans mon gland sudoripare/ Torche olympique qui pique /A la porc-et-pic ta perruque pubienne].*

Djamile Mama Gao entre donc dans le cercle grandissant des manipulateurs de sensation, des ordonnateurs de plaisir. La poésie béninoise est-elle aujourd'hui plus voluptueuse que jamais ? Mais en définitive, l'érotisme est-il vraiment détachable de chaque instant du fonctionnement de ce grand mystère qu'on appelle le monde ? Non, poète, l'amour des mots porte à l'amour des hommes, à cet érotisme du quotidien qui glisse entre nous à chaque mouvement, feulement d'un basin un peu haut sur un bassin un peu large, ondulation d'une courbure arrière légèrement audacieuse, écarquillement d'un regard, feutré d'une voix, souffle dans les cheveux, et se met alors en branle la machine des mots qui signale et rappelle ce qui vient d'être constaté, l'amplifie, le magnifie et le sublime dans un poème. Tous, nous le faisons presque sans le savoir...

Alors Djamile, toi qui parles pour nous, toi qui dénudes nos corps-raccords de l'enveloppe sournoise d'une convenance en laquelle nous ne croyons plus, chante-nous la femme en 58 caresses d'audaces graduelles, et que la musique soit omniprésente dans ton vers.

Refermons, l'instant d'une préface, les torrides impasses femelles que tu as ouvertes dans ces corps-à-corps serrés, ces corps-raccords parfaits, pour finir la randonnée avec Philippe Lafontaine dans l'amant Téquila :

Lascif à dire

Facile à faire

Docile à rire

Si belle affaire

Rends-moi l'ivresse, polygame.

Habib Dakpogan,

Ecrivain

À
Eustache GNACADJA*,*
« … aucune doctrine ne vaut que repensée par nous, que repensée pour nous, que convertie à nous »

Esther DOKO*,*
Siamois,
Nous sommes si gémellaires qu'aucun ourlet ne peut dénouer nos vœux…

Pour décompter originel

L'Eros érodé…

Jasmin Ahossin-Guézo,

Février 2012

Tia[1]

au sein de ton corps seyant à la tentation Au gré des moutonnements volontiers qui te déshabillent Je porte le lapsus de mes caresses. Cette nuit est une profane trop profanée que la poitrine saillante du désir approuve Ainsi... pour ne point mésestimer l'aplomb de ton sain *sein* Je perle ta genèse en plein écartèlement Et voici ce soir la fourberie de mes promesses viriles : te pénétrer...

t'instituer

---

[1] Correspond en Baatonu (langue généralement parlée dans le Nord du Danhômé – actuel Bénin-), à l'adjectif numéral : « un », en Français. Ainsi, pour tous les autres poèmes, il est question, dans l'ordre, des adjectifs numéraux désignant le chiffre ou le nombre du poème.

Yiru

avant d'étreindre tes tremblements combustibles j'entends m'enflammer ton rire coquin échappé de la sensualité de tes lèvres Et j'attends ! J'attends que se déverse lentement méticuleusement tendrement le flot florissant de ton excitation d'eau. Alors, la langue longeant ton corps cor je cède aux caprices aimants de tes mimiques mollement remuantes Et j'entends ! J'entends se répandre tes cris enfiévrés J'entends s'étendre tes gémis consentants Or te recouvrir de silence embrasé m'apaise Il me faut un doigt deux doigts trois doigts pour couvrir ta voix de vives envies ardentes Qu'importe ce que susurre la radio au chevet du lit. Qu'importe le gribouillis gribouillé par le vent dehors. Nos ébats ne s'étoufferont d'aucune folâtrerie. Nos ébats éclateront du même rire coquin que toi et chanteront à la lumière la mélopée du plaisir entêté. Alors, qu'importe le temps ! Qu'importe ce que rapporte la radio ! Qu'importe ce qu'apporte le vent ! Ô oui qu'importe ! Germons juste l'instant… tant, il est *parolable !*

Ita

retournons à nos bains de jouvence, rebondi fessier, arrondi jusqu'au ras du slip, tressé de vergetures, si soignées et si libidineuses. Ô fessier fessable, je m'enivre de ton charnu si charnel qu'afflue en moi autant d'adrénaline que de rythme Pourrais-je te fesser au moins ? Mes doigts subjugués de tremblotes voudraient commettre l'inadmissible, pour compenser toute cette rotondité, où me cloîtrer, ne serait qu'extase et lévitation   Enterre-moi donc en ta plénitude, avant de me laisser émerger, le cœur palpitant par convulsions et par contractions euphoriques. Ô fessier de charme Menu sentier de délices… Sache que cette nuit sera jalonnée de chevauchées libertines Et ce n'est qu'au mi-lieu de ta chair que je parsèmerai autant de délires lubriques que de délits impudiques… *Chut* ! Virons en lieu sourd… et entonne-nous, autant que tu me ressens…

Nnε

Me sentir vivre Me sentir ivre De mots d'appétits De pulsions d'appétences Et déclamer à tes ensellures la ritournelle battante qui contemple ta charpente Et contente mon corps. Et le corps ivre Je m'adonne, aux trémoussements initiés, par mouvements alternés de tes traits, aux attraits saisissants. Tu es… mon sacre sacré Mon absolution d'être Capable, de bousculer rites et rituels Au point de me sentir vivre De me rendre ivre. Ivre de ton corps devenue oraison. Oraison jaculatoire prononcée à rebrousse-envies pour… épier… davantage tes jambes, davantage tes cuisses, davantage tes hanches, davantage ton corps… d'appétits et d'appétences…

Nɔɔbu

rendre au vent le souffle essoufflé de nos reins épris, et pris par la mêlée des mains unis jusqu'aux étreintes les plus intrigantes Tendre à soi… L'un retentissant en l'autre pour attendre de s'atteindre. Regarder au travers de la fenêtre. Découvrir la perte de vue. Et à l'heure où l'aurore orne le ciel Remuer sexe et parterre pour suivre les traces de nos ébats jouant contre le sable Ainsi, à corps pairs et nus je vais au loin… *antrer en toi…*

Nɔbaa tia

d'une fougue infinie Ton bras a décelé ma nue Et au sens humain du geste Je me dévêts rien que pour l'habileté de t'habiter.

Nɔba yiru

nous étions déjà à la déroute de l'amour puis…

nous avons continués à nous mouiller de nuées…

devrions-nous ?

Nɔba ita

C'est dans ce noir... scandalisé jusqu'à la convoitise, que je veux m'illuminer de parcourir, chaque extrémité de ta péninsule lubrique. Je laisse gicler en moi l'intense chaleur qui émane de tes reliefs reliés minutieusement Puis je te courbe Tu te cambres Nous vibrons d'amour, par une levrette, réchauffant mon hérésie, de ne vouloir que te posséder. Yeux submergés Lèvres sous hypnose Ton col frémit autant que je frémis Ainsi désormais Je ne te fais plus l'amour Nous nous aimons !

Nɔba nnɛ

une pluie inattendue dévoile les nuages comme tu dévoiles tes deux seins juvéniles Et nous clamons au ciel Tous nos vœux, surtout ceux de nous inonder, par submersion des sens et immersion de transes La pluie incite ses gouttes à rencontrer nos peaux en liesses Alors que, s'embrasser sous son toit, suffit à nous réchauffer, quand nos voix de caresses, s'éternisent en cette chimère inattendue, de n'avoir plus froid, l'un contre l'autre…

cette échauffourée nous épuise mais moi, je puise dans tes bras comme une vague promeneuse pour désorienter ta peur... peur houleuse née des crispations que tu enjambes à mesure que je t'enjambe... Serait-ce ta première fouille ?

N'aie crainte ! Je me ferai ta braise de vie, pour mener pas à pas, nos attouchements dans le jardin de l'union. Ainsi, tu deviendras ma fleur d'éden s'ouvrant légèrement avant d'éclore, en léchant de bout en bout ; mon stipe orgastique Douche-moi de ta bouche...

Wɔkura tia

J'ai voilé le vide de nos sentiments Contre mes larmes et tes peines. J'ai étanché tes soifs avides Pour lubrifier mes lieux érogènes. Ton clitoris avec son odeur trop suspecte, mérite qu'on l'inspecte. Alors, prenant par tes grains de beau teint

Je me f   granulées
     o   de dédale
      n   quêteur
         ds   Opportuniste
                        pant en
               en   grim-
            toi, te

Wɔkura yiru

Postures Incursion Ouragan. Nous nous déchaînons par stimulation du périnée L'arôme de cet entrenœud porte l'aura du rêve Et nous ménageons cette boulimie de se goûter En y baladant nos langues Effusion !

Wɔkura ita

Séquestrer ta cambrure. Tenir tes remous. Parcourir ta frêle parure. Te dominer. Suis-je bestial d'humaniser ton postérieur par sensations intenses de sodomie ? Ô quelle saveur, que de t'entendre fermenter tes quiétudes… Dans la tonalité du gémissement !

Wɔkura nnɛ

Faire grincer l'entrouverture qui filtre ton reluire. Épingler la luminosité aux boutons de ta robe. Et t'empêcher de te muer en furtive lueur évasive. Te saisir en tripotant les draps. Mon lit voudrait ne savoir que te capturer.

Wɔkura nɔɔbu

C'est partir de toi que je ne peux. Car je suis l'éruption génitale vouée à stimuler ton addiction buccale. Comment donc abuser de ta délicatesse ? T'attiser ou te boire jusqu'à la nuit ?

Wɔkura nɔɔbu ka tia

Consternation de constellations. Éclipse charnelle. La mixtion des astres annonce, la miction de mon urètre, la liaison de nos cœurs frigides et, le contraste de nos membranes dressées. Des embruns veilleront à rebrousse-élan sur nos soirs d'envies avortés et mouilleront sans prescience, ton sourire céleste. Et si tu sombres, les lèvres tapissées derrière des câlineries mélancoliques, je viendrai séduire tes réflexes nubiens, avec des baisers à moitié remplis de lustres ; qui embelliront notre intimité.

Wɔkura nɔɔbu ka yiru

Te croquer telle une tendre pomme tenue et tendue par ta graine de virginité sans tabou. C'est l'imminence d'un premier dépucelage ; n'échappant ni à la tempête des prémisses oniriques, ni à la naissance de glaires vaginales. Tu te tortilles, te remues, te secoues et finis par me réprimander ouvertement : *plus fort voyons ! Encore !* Déchaînant le fauve fougueux en moi à même de te croquer, non ! De te dévorer sauvagement…

Wɔkura nɔɔbu ka ita

je ne luirai qu'en ta paire de sculpture indomptée
Embué par le parfum de ton anus Laissant
germer, de ton embouchure gourmet, des bouffées
de gémir, suscités par pressions, par pressions
répétées de chaque contour matineux, niché sur ta
poitrine de feu

D'échauffement en réchauffement, nos apparats
de fouine, se lorgnent, convoitant sourdement,
nos spontanéités luxurieuses, nos frénésies
prétentieuses. Et là Je te tords l'index Technique
d'approche pour s'accaparer ton attention. Nous
nous rapprochons l'un si près de l'autre. Nos
désirs aussi, se désirant mutuellement. Et résultat
sexuaire : L'un au creux de l'autre Nous
additionnons nos impulsions, pour annuler en
nous, la distance du désir.

Wɔkura nɔɔbu ka nnɛ

Ô quelle chance ! Je te détiens

Les douze voix du temps retentissantes

traquent nos cris cardinaux

Réflexe fœtal

Je m'enroule à toi

Puis je t'emporte au gré du drap

Yɛndu

                                                                pleurs p
                                        tes   o
                                                      u
                        de   r
                  ler   d
             vo   e
         en   s
m'   c
.
            en
.   dre
.   tes   pei
                 n
                    e
                      s

Yɛnda tia

mes mains époussetant ta dentelle

Mon doigt et sa malice entrant

Ta vulve frissonnante

Gourmandise gourmée

Je te goûte

suc succulent

Yɛnda yiru

le langage de mes doigts désabusés décrit mon trouble d'émoi face à ton bassin aux flexions allumeuses Je m'immisce par le pouce dans tes profondeurs humides et mordille le buisson au-dessus de ton vestibule humidifié Maintenant, ma langue s'émeut en mouvement circulaire s'intensifie de haut en bas d'avant en arrière dessinant des désinences sur les rebords de ton précieux prépuce J'ouvrirai donc… grands tes flancs Pour dévorer les replis de ta pudeur Désobéir à tes mouvements de recul et apprivoiser tes remous. Déracine donc ton caleçon Que je te plante enfin les souches de nos désirs.

Yɛnda ita

sur le visage de ton obscurité Je fais trottiner mon annulaire, pour dissiper les embruns de tes cris ombreux. Mon cœur traverse l'averse de suppliques, que ta langue prononce, par vrille ostentatoire Et pour *arômer* ton décolleté avide de senteurs insoupçonnées, j'accélère, j'accélère le rythme. Je joins mon majeur à nos réjouissances où tes sens se métamorphosent en transes Et tu t'agites en contractions Et tu vrilles avec effrénément Et tu t'agites un peu plus jusqu'à ce que, gicle de tes écluses, ta marée de jouissance...

une goutte d'aube est venue nous isoler, des ronflements graveleux, que, le soir a porté à nos paupières. Je tente de panser mes plaies, avec l'adhésif de tes caresses. Et quand je m'en vais franchir, tes nivellements et dénivellations, c'est pour construire une voix d'amour, dans la ruelle de ta voûte sensuelle. Intensité féline Griffures d'une jambe à une autre Etreinte et enchevêtrements Puis... nous ne parlons plus que, par nos vitalités d'amants. Je t'habille désormais, au-delà des plaisirs usuels de nos torses Et quand tes obstinations s'empressent de nourrir, les secrets de nos oscillations Nous nous chevauchons... avec vélocité... intensité... et densité...

Yɛnda nɔɔbu

tu es la plus belle nuit d'Eve que j'ai dormie

Et m'éveiller en toi est la plus gracieuse aube que j'ai ouverte

Dénudé par la fournaise de tes gestes

Doucement je renonce à ma nudité

Pour que tu poses tes doigts chaux sur ma peau

À présent partout s'échinent nos salives

Alors transcende-moi

Incante-moi

sans pudeur

Yɛnda nɔɔbu ka tia

En suivant,
la propension d'éternité de nos enclins
nous irons enfreindre,
les crispations de nos cœurs éteints.
Eteints d'amours lénitives
Eteints de désirs collusoires.
Suivons donc
nos corps,
Allongés au bon endroit : dans l'altérité du silence

...

entre tremblotements et mouvements saccadés
entre foisons de frissons déficelés.
N'est-ce pas alors délices,
ce sentiment fusionnel d'être vivants ?
Sois prête !
Ma liqueur séminale s'apprête,
à faire se confondre nos cimes et silhouettes

...

Yɛnda nɔɔbu ka yiru

tes fraises :
Rond-point des cheminements infinis
Qui mènent en ton toit
d'où s'échappe
l'encens exaltant de notre culte tumultueux
tes fraises :
Rond-point…
C'est à partir de ces coches natales
que s'agrémentent nos recollements
et plus, s'hérissent-elles,
plus, s'accroissent nos attouchements
et se décuplent nos introspections
tes fraises :
me reconnaissent par bouche-à-bouche
tant je les suçote,
je les tète,
puis les suce
assidument

Yɛnda nɔɔbu ka ita

Accéder au zénith de ta courbure concave Me frayer chemin à travers ton velu champ défrichable Mûrir... centimètres après centimètres... pour lubrifier mes testicules grossissants Acheminer les lueurs de nos brasiers, aux lisières de ta peau Pour pénétrer sans déconvenue les décors de ta voûte Ensuite... unifier nos orgasmes Avant de transvaser en moi ta suave sueur Et te culbuter enfin, sans me contenir...

Yɛnda nɔɔbu ka nnɛ

mieux effleurer ton hymen

faire fleurir d'effleurements

ton couvent couvé par ma paume

J'enjambe ta pulpe convulsive

Et par succion analogique

Me voici venir gicler

dans ton couvent maintenant à découvert

Le liquide d'une nuit fécondée

Tɛna

mouillure

déroute

Escapade nocturne au flanc de nos sens sels

Ingrédient d'Éclat pour fertiliser

Nos mises à nus

Veux-tu vêtue me déboutonner ?

attendant que mes membres

lubriques

tracent

d'indélébiles indices

d'intentions obscènes

sur ton dos

Puis-je te déboutonner ?

afin d'affiner nos filandreuses tentatives de

dénudement

à moins que…

tu préfères me défaire…

Tɛna ka tia

reliure à même nos sexes…
à l'abri de tout regard

embués du souffle de nos essoufflements
les étoiles nous surprennent
rompant l'intermittence consentie
de nos contorsions décousues

reliure…
à même nos cuisses…
toisant le ciel regardant

Ainsi, nos embrasements boudent les astres
Pour tenter de leur intimer
que nous avons une intimité

Alors…
de quel droit épient-ils nos euphories
Secrètes ?

Tɛna ka yiru

quel délice !

ton pubis

(c) ouvert

de part en part

et par instinct de luire

je m'engouffre dans ta faune

Tɛna ka ita

Variations de positions…
La douceur à perte de ton corps
M'endurcit
jusqu'à l'Endurance athlétique
et tu m'entraines
d'un couloir de ton col
à un autre

Un silence complice
s'allonge sur ta fine
bouche
et tu m'encaisses
sans devoir au bruit
le moindre rictus

Variations d'oppositions…
Tu t'assoies
Et assise sur des oreillers éparpillés
Tu es si nubile …
que ton gland
me gonfle le jeans,
d'une érectile érection

Tɛna ka nnɛ

chacune de tes phrases vaut ce qu'elle veut

chacun de tes vœux vole vers l'aveu

je t'entends me supplier de toute ton émotion

courtisant chaque élan de ma dévotion

À l'heure où l'œuvre potière de ta sculpture poilue

m'émeut

c'est sur ta touffe centrale soignée

que j'égare ma bouche en nous liant ventre à ventre

afin que chaque syllabe de nos geignements

foisonnants

résonne jusqu'au paroxysme de nos stridences

Dicte-moi alors tes endroits

que je me trompe de détour quand j'y viens

Tɛna ka nɔɔbu

prendre par ma frissonnante main

ton infantile volupté

Traverser nos frileuses frictions

Et fuir,

Fuir sur la pointe des pieds

cette peur de se posséder par la main

Tɛna ka nɔɔbaa tia

Reposons-nous mon tropique,

Après s'être épris de nos côtes,

Entichons-nous des délicates prévenances de la nuit,

Dehors : l'ennui mordant,

D'âmes inattentives aux splendeurs de ton gîte de girond

Pressés de n'en presser que la sève,

Puis lassés, la délaisser

sans…

aimer tes somnolences,

aimer tes bâillements, aimer tes ronflements, aimer tes rêves babillards

Reposons-nous donc mon tropique,

   avant de réveiller le matin

  avec les interdits fourbes de l'ennui :

   se galoper jusqu'à s'endormir

   ta côte en travers de ma côte

Tɛna ka nɔɔba yiru

J'ai mes glandes allaitées

Quand ta motte se fait succulence alitée

ma nue mue en mye à même de s'enrouler à tes moues noueuses

pour manier tes mains menues menées par de malignes manières de te dénuder

Sois ma mie d'envies,

Effloraison exubérante

de saveurs savoureuses

Sois ma mie aux goûts

dépravés,

Et dégustons-nous effrontément !

Tɛna ka nɔɔba ita

genoux gracieusement entr'ouverts

je te cerne et t'explore

mon index s'en va mollement se mouler

à ton entrouverture tropicale

mouillée

les yeux clos

je sens tes sens s'ériger…

Gazelle au zèle lascivement habile

tu violes mon index acharné

avec l'innocence de ton effluve

crémeux

et tes genoux se referment doucement

comme un poème

venu à bout de lui-même

Tɛna ka nɔɔba nnɛ

lorsque ta langue s'enivre

du souffle de ma langue

la nuit pousse sa ruse aux flancs de ma braguette

et nous enfonce au pays corail de ta féminité

Weeru

en souvenir à ta fêlure aux plis ondulatoires

en souvenir à tes ondoiements libidineux

notre trame d'être,

ne se résume qu'à…

ficher mon pieu incendiaire au fond de ta jupe

coupée en biais

notre trame d'être,

ne se résume qu'à…

creuser,

creuser tout le territoire

de tes rondeurs équatoriales

creuser,

creuser ta profondeur d'abysse,

et se laisser inonder à l'improviste

par ta déversée

de pisseuse

Weeru ka tia

dénouer tes vœux

dénuder tes nœuds

t'entreprendre d'aller-retour en aller-retour

et se copuler

par spasmes contagieux

jusqu'au firmament de nos aplombs corporels

Que nos jubilations soient,

Et l'amour se fit !

Weeru ka yiru

nous allions à peine à la vitesse de nos pouls

que nous avions le temps

de nous décorer d'attouchements

tu m'ornais d'autant de lieds que de liesses

pendant que je teintais ton cou

de mordillements fantaisistes

Je vire   tu t'en doutais !

Alors cette biche affolée qu'on a foulé par étourderie consentante

dû attendre qu'on se finasse avec finesse

pour parvenir à nuancer

les frôlements d'affolement et les enlacements ardents

qu'on s'induit

Ô pauvre biche ! Qui nous lorgne

impuissante de ne pouvoir faire autant

Weeru ka ita

Tu es de toutes mes envies ma plus pluvieuse soif,

Je cuverai ton entrejambe

m'imbiberai de ton étendue, étendue comme une lune

pour que ton ivresse se fermente de dandinements

à même de faire refluer toute fontaine de pénombre renflée

Sois nue ma chair

que je t'habille de mes doigts

Weeru ka nnɛ

fantasmer sur tes mamelons huilés

se surprendre à s'éprendre

de tes tétons têtus

et s'attiser du tison de feu

de leur combustion

sous mes papilles

en ignition

Palpitations et écoulement…

je me ressource à me faire saucer

par ton mammaire Lai

d'amour

Weeru ka nɔɔbu

je te dévisage langoureusement

(re) visitant de mes yeux chatoyés

le swing de ton Embonpoint

Ô sybarite envoûtante !

si ton remuement

ne me laisse aucun autre choix

que de choir

dans les délictueux mais délicieux carcans de ta séduction scélérate

dans ce cas,

en vertu des vices coquins qui me sont conférés

je te… désarmerai

mais aussi… me dégoupillerai langoureusement …

Weeru ka nɔbaa tia

étendue vers l'arrière

de part et d'autre

ta chevelure ne finit, ni de prouver son élégance

ni d'éprouver mon abstinence

Tes nichons expriment l'enjouement de ta crinière

intrépide

et entre toi et moi je sens une maturation de gamètes débuter

et de toi à moi je ressens l'extase sans vergogne

se transmettre…

Que faire d'autre de ta chevelure,

étendue vers l'arrière ;

sinon, la tirer vigoureusement

vers ma jouissance possessive ?

Weeru ka nɔba yiru

au bout du chagrin

Je te savoure peau miel

Le poème de tes voiles est le petit rêve qui m'éveille

Le sérum de tes serments est la cascade de paroles qui nous racolent

J'ai attendu l'art de ton automne pour laisser tomber ta robe

Car il fallait bien que je te parcours …

Alors mes doigts portent l'hiver rafraîchissant de ton arôme

Et à présent je suis marchand de désirs

tant ton intimité est à fleurir…

Au moment où l'amour se fera notre muse

Je commettrai l'effet papier

pour que tu me retrouves auprès de mon soleil d'être

Nous avons, une nuit, à faire briller…

Weeru ka nɔba ita

En strophes lyriques, tes mouvements mnésiques, me rappellent, l'ode mémorielle de notre premier édifice d'amour. Nous étions à huis-clos, et mes sens se mouvaient, d'extravagance en extravagance, de délires en délires, de perversions en perversions. Ton sourire reposait pourtant, sur le chevet de mon âme puérile ; troublant en moi, toute l'indécence de mes pensées. Je me tus donc… tu éteignis…

Dans ce silence d'obscurité, tu m'amadouas de caresses fiévreuses, dépucelas ma fébrilité et délias ma langue courtisane. D'abouchements en abouchements, tes seuls pieds parvinrent, à me faire sillonner, les hautes traversées qui mènent au manège de l'orgasme…

Weeru ka nɔba nnɛ

affrontement frontalier frontal

bouclé par exsudation soudaine

Nos lèvres se déclament

la litanie d'une nuit solennelle

et je me décime en dessinant sur mes cils

ces détails de taille

qui en toi mériteraient d'être préservés

Pour qu'à d'autres circonstances

nos deux consistances insistent à s'assister

Werakuru

L'aube qui dit l'aurore

se découvre dans tes yeux rayonnants

et je me lie aux revêtements de tes atours

pour éclater de vie à mesure que je te saisis

dorénavant, je sais quel corps te sied :

un mutisme muet

une matité prenable

Werakuru ka tia

Je m'incendie par ta fente étroite

tes mains

entre enlacements et entrelacements

habitent mon sang

jusqu'à la nudité de mes vaisseaux

Je m'incendie par ta fente…

Et ton nombril,

ma nue buée émue

Devient… mon champ de ruines

Werakuru ka yiru

T'entrouvrir

moyennant éjaculat – pour étancher ta délectation

par mers jubilatoires qu'on déverse

Te malaxer

avec maîtrise enfantine – en comptant de temps en temps

combien d'années avons-nous compromis

en ne se disputant que par… giclées adultérines –

Werakuru ka ita

au minimum,

Enlise-moi !

Par triangulation

comme par cyclique

de *Cavalière imprudente*

Au minimum,

Choisis-nous !

Et nous nous accomplirons

par ferveurs ferventes

Werakuru ka nnɛ

ce sont… tes strictes strictions

qui déflorent ma tumescence

et comme tu m'apprivoises à l'improviste

au lieu du privilège d'un *rendez-vous privilégié*

Allons donc nous remplir l'après ventre

Au gré du goût d'un *repas de géant*

Werakuru ka nɔɔbu

des serrements nomades nourrissent nos nerfs

et je me découvre en tes reins

Pour trouver en toi mon chemin

Sur l'influx si virginal de ton corps

Je m'en vais disséminer la densité de ma verge

et à l'étape où nous en sommes

plus rien ne peut nous *arêter*

tant, nous nous disséquons déjà

Werakuru ka nɔbaa tia

faucher nos tabous

de bout en bout

et faire vagabonder nos frêles anatomies,

allant de nos imaginations badines,

à nos enjouements frivoles…

je te garnirai de mes envies bucoliques,

de même que nous irons,

assouvir notre libido

pour y hisser le drapeau de la jouissance

Werakuru ka nɔba yiru

pour me faire frémir

face à son enclos d'ébène

Elle esquisse de toute sa corpulence

des serpentements éhontés

Et dépaysé par tant de provocations édéniques

mon mâle intérieur se questionne :

qui grimpera l'autre en dernier ?

Werakuru ka nɔba ita

Ce va-et-vient typique de mes tripes au-dedans de tes trompes est... marque torrentielle de mes sentiments passionnés et passionnels. J'ai aimé aimer tes empreintes empruntées au miroir de la déviance, estampillées sur ma peau en tatouages indélébiles. A *califourchon* sur ta croupe, je me repais des repères de repas enveloppés par ton enveloppe

Et à force de t'étriper Je sais... où, je finirai : au sexuel ciel...

Postface

Ce long poème fougueux et passionné est une célébration de l'amour physique dans toute sa pureté post-adolescente. Djamile Mama Gao, jeune poète béninois, à travers une litanie pleine de souffle et d'audaces verbales parcoure la géographie intime de la femme aimée dans une floraison de vers lyriques teintés d'érotisme parfois cru sans jamais sombrer dans la vulgarité.

Ce poète a le sens de la formule lorsqu'il évoque les vives caresses où *germe juste l'instant* mais encore : avec *des bouffées de gémir* en chaque matinée de poitrine qu'il touche. Beaucoup de trouvailles, d'inventions, quelques néologismes parsèment cette poésie érotique que Djamile construit à sa manière avec une liberté de style qui surprend à chaque page dont les titres sont en africain local.

Ainsi, le rythme de cette épopée du corps à corps est une danse tropicale que la moiteur envoûte pour atteindre le *sexuel ciel*.

Il y a comme une mystique charnelle dans cette écriture au phrasé syncopé qui ne se joue d'aucune règle et trace librement son parcours dans ce qu'on appelle un recueil conceptuel parsemé d'élans jubilatoires et de vivacité d'esprit. Un hymne à la vie !

Corps-raccords est à lire à haute voix à la façon des griots. C'est un chant d'amour qui résonne comme une prière profane à l'adresse de l'aimée : *Sois nue ma chair/ que je t'habille de mes doigts*. Ce jeune auteur possède déjà le flux porteur d'émotion et le sens de la poétique, tant, il crée sa propre structure dans une forme originale.

Il faut donc lire et relire **Corps-raccords**, s'imprégner de la magie naissante d'un poète prometteur, se laisser envoûter quand il dit vouloir : *garnir [l'aimée] d' [...] envies bucoliques*.

La plus gracieuse aube (qu'il a) *ouverte* se trouve dans ce recueil, que je vous conseille vivement et avec la plus grande sincérité.

Louis Bertholom,

Poète.

Quimper (Bretagne en France), le 26 avril 2014.